Inhalt

Werden kleinere und mittelständische Unternehmen (KMU) durch die von der KfW vorgeschlagene Idee der "Kreditfabrik" profitieren können?

Kernthesen

Beitrag

Fallbeispiele

Weiterführende Literatur

Impressum

Werden kleinere und mittelständische Unternehmen (KMU) durch die von der KfW vorgeschlagene Idee der "Kreditfabrik" profitieren können?

G.Dengl

Kernthesen

- Als ein Vorschlag zur Förderung der Kreditvergabe insbesondere an kleine und mittelständische Unternehmen hat die KfW den Vorschlag vorgebracht, Kleinkredite im

Firmengeschäft über eine branchenweiten Lösung in Form einer Kreditfabrik abzuwickeln.
- Durch Kreditfabriken können auf Grund von Größen- und Mengenvorteilen die Kosten je vergebenem Kredit deutlich reduziert werden. So kann der gleiche Kredit am Markt günstiger angeboten, ohne dass sich die Profitabilität ändert.
- Die Idee der KfW von einer branchenweit einheitlichen Lösung wird, hauptsächlich vom Sparkassensektor, abgelehnt. Dagegen haben viele Institute schon mit der Umsetzung von Eigenlösungen begonnen.
- Obwohl die Kosten für die Kreditvergabeprozesse theoretisch durch den Einsatz von Kreditfabriken verringert werden, muss stark bezweifelt werden, dass dies zu einer Ausweitung der Kreditvergabe führen wird.

Beitrag

Angesichts der immer noch zurückhaltenden Kreditvergabe der Banken vor allem an kleinere und mittlere Unternehmen (KMU) nimmt die Kreditanstalt für Wiederaufbau (KfW) ihre Rolle als Förderbank wahr, und stellt als Lösungsalternative

die Idee der Kreditfabrik vor. (9)
Der besondere Charme dieser Idee liegt in ihrer unmittelbar einleuchtenden Logik: die Unterversorgung kleinerer und mittlerer Unternehmen resultiert zum Teil daraus, dass sich das Geschäft im Bereich von 100.000 bis 300.000 Euro für eine einzelne Bank nicht lohnt, wegen der zu hohen Kosten in der Individualbetreuung. Hier kann die KfW helfen, indem sie über alle drei Bankengruppen hinweg (private, öffentlich-rechtliche und genossenschaftliche Banken) die Dienstleistung anbietet, die Kreditnehmer zu bewerten, die Kredite zu vergeben, und die Abwicklung zu übernehmen. Dieser Prozess wird so stark verschlankt und automatisiert, dass die Kosten einer Kreditvergabe merklich sinken. (2), (10)

Kreditfabrik übernimmt sowohl Abwicklung als auch Kreditrisiko

Die Idee der KfW verändert das bisherige Verständnis von einer Kreditfabrik. Eine Kreditfabrik im ursprünglichen Sinne ist ein Unternehmen, in das Banken die Bearbeitung ihrer Kredite auslagern. Die Kreditfabrik hat keine Banklizenz und trägt auch kein Ausfallrisiko; dieses bleibt in den Büchern der Auftrag gebenden Bank. Die Dienstleistung besteht darin, dafür zu sorgen, dass der Kredit vertragsgemäß bedient wird, dass Zinsen und Tilgungen fristgerecht geleistet bzw. säumige Schuldner an ihre Verpflichtungen erinnert werden. (3) Die Kreditfabrik im Sinne der KfW würde zusätzlich noch das Kreditrisiko übernehmen. Kreditsuchende Kunden würden zwar wie gewohnt zu ihrer Bank gehen, das Produkt, das sie allerdings dort erhalten würden, würde von der Kreditbank bereitgestellt. Die Bank tritt letztlich als Vermittler auf und erhält eine Provision. (3)

Idee stößt in der Branche auf Ablehnung

Soviel Anklang die Idee der Kreditfabrik und die damit in Aussicht gestellte einfacherer Kreditvergabe auf Kundenseite aufgenommen wird, soviel Ablehnung stößt dem Vorschlag der KfW von Bankenseite entgegen. Es herrscht vor allem Besorgnis darüber, dass den Banken durch eine Kreditfabrik auf Dauer die Kompetenz genommen würde, ihre Kunden selbst zu beurteilen, und ihr Risiko noch vernünftig zu steuern. Gerade die Bonitätseinschätzung und das damit eingegangene Risiko zählen zu den zentralsten Aufgaben einer Bank. Die Idee, diese Kernkompetenz auch nur teilweise auszulagern, findet deshalb derzeit noch keinen großen Anklang, auch wenn die Kostenvorteile unbestritten bleiben. (8)

Refinanzierung der Kreditfabrik durch Verbriefung

Die Idee der Kreditfabrik à la KfW hat zwei wesentliche Komponenten. Das ist zum einen das Ziel, Kredite günstiger und schneller für eine Klientel bereitstellen zu können, für die das bisher nicht üblich war, nämlich die kleinen und mittleren Unternehmen.
Die andere wichtige Komponente ist das Ziel, diese Kredite zu bündeln, und das mit ihnen verbundene Risiko an den Kapitalmarkt weiterzugeben, in der Regel in Form von Verbriefungen. (3)
Worin liegt nun der besondere Vorteil der Verbindung der beiden Komponenten "Kostengünstige Kreditvergabe" und "Verbriefung"? Um die Kosten, die mit einer Verbriefungsinitiative verbunden sind, relativ zum Verbriefungsvolumen zu senken, ist es notwendig, ein großes Portfolio relativ gleichartiger Forderungen zu haben. Dieses kann durch eine standardisierte Kreditvergabe besonders elegant erreicht werden. (6)

Fallbeispiele

Norisbank als Paradebeispiel für die Industrialisierung des Kreditvergabeprozesses

Die Nürnberger Norisbank hat bereit 1998 damit begonnen, die eigenen Prozesse zu analysieren und zu verschlanken. Deshalb kann sie heute einen Großteil der Kreditanfragen bereits stark automatisiert abwickeln. Durch dieses System kommen auch bonitätsabhängige Zinssätze zu Stande. Was auf Grund von Basel II ohnehin bald von allen Banken verlangt wird, ist bei der Norisbank schon heute gelebte Realität.
Aufgrund der gesunkenen Prozesskosten, kann sie immer wieder Kredite zu Top-Konditionen anbieten, ohne ihre Risikoposition dadurch zu gefährden. Nimmt man die Norisbank als Beispiel für die Effizienz, dann kann man bereits erahnen, was eine Kreditfabrik leisten kann und muss. (2)

Eigeninitiative einzelner Sparkassen: Kredit-Serviceagentur Rheinland in Siegburg GmbH

Mitte dieses Jahres nimmt die, von der Sparkasse KölnBonn sowie der Kreissparkasse Köln gegründete, Kredit-Serviceagentur Rheinland in Siegburg GmbH ihre Arbeit auf. Die Agentur bereitet die Bonitätsanalyse zwar auf, die Kreditentscheidung selbst, wird aber letztlich von der beauftragenden Sparkasse getroffen. Obwohl die Agentur die gesamte Abwicklung übernimmt, bleibt damit das Risiko bei der jeweiligen Sparkasse. (11)

Software zur Unterstützung der Kreditfabrik-Funktion

Die Aareal Hypotheken-Management GmbH (AHM), eine Kreditfabrik mit dem Ziel der Abwicklung von privaten Baufinanzierungen, bietet mittlerweile für ihre Kunden an, deren Darlehen komplett zu übernehmen und verbrieft diese anschließend (True Sale Transaktion) unter Zuhilfenahme des eigens dafür entwickelten "Loan-Transfer-Moduls". (4)

Weiterführende Literatur

(1) Bausparkassen als moderne Finanzdienstleister
aus Immobilien & Finanzierung - Der Langfristige
Kredit 07 vom 01.04.2005 Seite 241

(2) Gneuss, M., Kredite von der Stange, Welt am
Sonntag, Jg. 58, 03.04.2005, Nr. 14, S. 43
aus Immobilien & Finanzierung - Der
Langfristige Kredit 07 vom 01.04.2005 Seite 241

(3) KfW prescht mit eigenem Modell vor
aus Financial Times Deutschland vom 13.04.2005,
Seite 18

(4) Kreditfabrik AHM erweitert Angebot Aareal
Hypotheken-Management übernimmt 2,4-Mrd.-Euro-Portfolio
aus Börsen-Zeitung, 19.02.2005, Nummer 35, Seite 5

(5) O.V., Gespräche über Kreditfabrik, Frankfurter
Allgemeine Zeitung, 26.04.2005, Nr. 96, S. 12
aus Börsen-Zeitung, 19.02.2005, Nummer 35, Seite 5

(6) Leasing-Fabrik bekommt Finanzierung von Merrill Lynch
aus Frankfurter Allgemeine Zeitung, 15.04.2005, Nr. 87, S. 23

(7) DG Hyp berät Investoren beim Kauf fauler Kredite
aus Frankfurter Allgemeine Zeitung, 20.04.2005, Nr. 91, S. 16

(8) Sparkassen lehnen Kreditfabrik ab
aus Frankfurter Allgemeine Zeitung, 15.04.2005, Nr. 87, S. 12

(9) KfW fordert standardisierten Firmenkredit Appell an Banken und Sparkassen - Förderbank steigert Gewinn dank geringerer Vorsorge um fast die Hälfte
aus Börsen-Zeitung, 13.04.2005, Nummer 70, Seite 5

(10) Processing-Prozesse: ziemlich offene Zukunft
aus Immobilien & Finanzierung - Der Langfristige Kredit 03 vom 01.02.2005 Seite 076

(11) Kredit-Serviceagentur für effiziente Kreditbearbeitung Mitte 2005 startet die Kredit-Serviceagentur Rheinland in Siegburg GmbH als Komplettanbieter für Kreditanalyse und Kreditsachbearbeitung
aus Börsen-Zeitung, 19.03.2005, Nummer 55, Seite B5

Impressum

Werden kleinere und mittelständische Unternehmen (KMU) durch die von der KfW vorgeschlagene Idee der "Kreditfabrik" profitieren können?

Bibliografische Information der deutschen Nationalbibliothek

Die Deutsche Nationalbibliothek verzeichnet diese Publikation in der deutschen Nationalbibliografie; detaillierte bibliografische Daten sind im Internet über http://dnb.d-nb.de abrufbar.

ISBN: 978-3-7379-0439-1

© 2015 GBI-Genios Deutsche Wirtschaftsdatenbank GmbH, Freischützstraße 96, 81927 München, www.genios.de

Alle Rechte vorbehalten. Dieses Werk ist einschließlich aller seiner Teile – z.B. Texte, Tabellen und Grafiken - urheberrechtlich geschützt. Jede Verwertung außerhalb der Grenzen des Urheberrechtsgesetzes bedarf der vorherigen

Zustimmung des Verlags. Dies gilt insbesondere auch für auszugsweise Nachdrucke, fotomechanische Vervielfältigungen (Fotokopie/Mikroskopie), Übersetzungen, Auswertungen durch Datenbanken oder ähnliche Einrichtungen und die Einspeicherung und Verarbeitung in elektronischen Systemen.